AF440992

Les œuvres des Soeurs Franciscaines Missionnaires de Marie à Boundji

Joseph ITOUA

CIP a Camerei Naționale a Cărții

Itoua, Joseph.

Les œuvres des Soeurs Franciscaines Missionnaires de Marie à Boundji / Joseph Itoua. – Chișinău : Generis Publishing, 2020 (Print on demand). – 37 p.

Bibliogr.: p. 35-37. – Referințe bibliogr. în subsol.

ISBN 978-9975-153-92-8.

272-76(672.4)

I-90

Cover image: www.pixabay.com

Generis Publishing
Online orders: www.generis-publishing.com
Orders by email: info@generis-publishing.com

REMERCIEMENTS

Nos remerciements vont à l'endroit de Monsieur Guy Victor Oba pour sa contribution.

Nous exprimons aussi notre gratitude à la congrégation des Sœurs Franciscaines Missionnaires de Marie pour leur œuvre considérable en faveur de l'émancipation de la femme congolaise en général, Mbosi en particulier.

INTRODUCTION

Du XIXè au XXè siècles, les ordres religieux nés de la passion catholique entreprennent la conquête spirituelle de l'Afrique. Au Congo, cette œuvre est accomplie en grande partie par la Congrégation des Pères du Saint Esprit et du Saint Cœur de Marie[1]. Ce mouvement intervient quatre siècles après la première tentative d'évangélisation entreprise par les missionnaires portugais, dans le royaume Kongo, au XVè siècle.

Cette nouvelle œuvre d'évangélisation est confiée à Mgr Augouard et ses compagnons par la congrégation des Pères du Saint Esprit. Ils doivent particulièrement explorer le Nord-Congo y implanter des missions. Ainsi entre 1897 et 1913 des missions sont fondées à Liranga, Bétou et Impfondo sur l'Oubangui et à Lékety, Tsambitso et Boundji sur l'Alima.

Il sied de signaler que l'implantation de la congrégation du Saint Esprit au Congo fut suivie par celle des Sœurs de Saint Joseph de Cluny, en 1886. Elle est la première congrégation féminine à s'implanter au Congo. Quelques années plus tard, les Sœurs Franciscaines Missionnaires de Marie s'y installent. C'est à elles que Mgr Augouard confia la charge d'éduquer les filles de la mission de Boundji. Grâce à leur dynamisme, elles ont réalisé une œuvre considérable, en dépit d'énormes difficultés. Prédicatrices, médecins et pédagogues à la fois, elles ont marqué de leur empreinte l'histoire non seulement de l'évangélisation de la contrée de Boundji, mais de la vie des populations de toute la contrée. Il sied de rappeler que la propagation de l'Evangile au Congo-Brazzaville est l'oeuvre de plusieurs congrégations religieuses. Après la congrégation des Pères du Saint-Esprit, on connaitra quelques années plus tard l'arrivée de celles des Sœurs de Saint Joseph de Cluny, des Sœurs Franciscaines Missionnaire de Marie, puis les Jésuites, les Salésiens, les Marianistes, les Capucins, etc. Travaillant parfois en synergie entre elles ou avec les colonisateurs, elles ont grâce à l'Evangile, entrepris plusieurs actions charitables dans différents domaines de la vie.

L'intention de cet ouvrage est d'apporter un éclairage sur le processus d'évangélisation au Nord-Congo, les raisons de l'implantation des premières

---

[1] Actuellement, on préfère la désigner tout simplement par la Congrégation du Saint-Esprit et non plus du Saint Cœur de Marie comme unique nom historique de sa fondation.

missions catholiques, les difficultés qu'elles ont rencontrées dans cette partie du pays.

Pour ce faire, le choix a été porté sur l'œuvre de la congrégation des Sœurs Franciscaines Missionnaires de Marie dans l'évangélisation de la contrée de Boundji. L'ouvrage retrace les grandes actions que ces religieuses (véritables femmes de terrain) ont accomplies dans la mission de Boundji. Il contribue tant soit peu à une meilleure connaissance de l'histoire de l'évangélisation du Congo.

Il est divisé en trois chapitres : le premier « pénétration et exploration de l'Alima par les missionnaires catholiques » évoque les raisons ayant justifié l'implantation des missions catholiques au Congo et les moyens que les missionnaires ont utilisés pour atteindre leur objectif.

Le deuxième chapitre, « la fondation des missions catholiques sur l'Alima » précise les périodes d'implantation de chacune des missions catholiques fondées sur la rivière Alima.

Le troisième chapitre intitulé : « les Sœurs Franciscaines Missionnaires de Marie et leurs actions à Boundji » présente ladite congrégation, avant de s'étendre sur leur œuvre évangélisatrice et sociale.

CHAPITRE I : PENETRATION ET EXPLORATION DE L'ALIMA PAR LES MISSIONNAIRES CATHOLIQUES

Au XIXè siècle, les missionnaires chrétiens se tournent vers l'Afrique, non seulement en réaction contre les exactions des esclavagistes, mais aussi avec la volonté d'effacer les croyances animistes et asseoir l'Evangile. Les missionnaires protestants qui ouvrent la voie seront bientôt suivis par les catholiques.

Au Congo en général et particulièrement dans la région de l'Alima, ce sont les missionnaires catholiques qui s'installent. Ils y implantent plusieurs missions qui vont propager la foi catholique dans l'ensemble de la région.

1. Les raisons de l'implantation des missions catholiques

Comme partout en Afrique, l'implantation des missions catholiques au Congo n'est pas un fait du hasard. Plusieurs raisons la justifient. Elles sont d'ordres politique, culturel et religieux.

1.1. Les raisons politiques

Pour mieux saisir l'origine de l'évangélisation du Congo aux XIXè et XXè siècles, il est question de la situer dans le cadre de la colonisation ou mieux de la possession des terres congolaises par la France, car les deux phénomènes coïncident en cette période et se conjuguent. En effet, les missionnaires sont à la fois des acteurs de l'occupation coloniale des territoires et les ouvriers de l'Evangile. Les agents de l'administration coloniale se servent d'eux pour mieux occuper les territoires conquis. C'est le rôle que la conférence de Berlin a assigné aux missionnaires de chaque nation. Nous soulignons le cas de Pierre Savorgnan De Brazza qui, après le traité avec le Makoko (roi des Teke) en 1880, a demandé le concours des catholiques français de Landana pour garantir la possession française du Pool. Plusieurs fois, la collaboration entre les missionnaires et les colons fut indispensable pour s'implanter dans les territoires occupés. Le R.P. Augouard en était l'acteur désigné et il sera le pilier de cette initiative en jouant un grand rôle dans l'occupation du Nord-Congo. Par conséquent, il y eut une nette collaboration entre les explorateurs et les missionnaires et voire les missions scientifiques.

En effet, au XIXè siècle, l'Afrique est d'abord parcourue en sa partie centrale et australe (1846-1875) par le missionnaire écossais David Livingstone, puis traversée d'Est en Ouest, par Henri Morton Stanley en mission d'exploration géographique (1874-1877) et envoyé par Léopold II, roi des Belges, pour occuper tout le bassin du fleuve Congo (1879-1882) récemment découvert. Pierre Savorgnan De Brazza se lance lui aussi, pour le compte de la France dans cette mission d'exploration et de conquête vers le cœur de l'Afrique, mission qu'il accomplit au bout de trois voyages (1875-1878, 1879-1882 et 1883-1885).

C'est lors de l'expédition de 1879-1882 que De Brazza arrive finalement au Stanley-Pool pour installer officiellement la France sur la rive droite du Stanley-Pool. De ce lieu stratégique partira l'occupation française en Afrique centrale. Pour préserver le territoire occupé de la concurrence d'autres nations, De Brazza le consigne à la garde du sergent Malamine et requiert des catholiques de Landana (sur la côte atlantique) l'envoie d'une mission d'évangélisation sur les bords du Pool.

Pour cette mission d'exploration, le R.P. Carrie désigna dès 1881 le Père Prosper Augouard. Aussi, n'est-il pas superflu d'affirmer que, si De Brazza a pu pour la première fois occuper cette zone inexplorée après son traité de Mbé, c'est le R.P. Augouard qui en prend profondément possession par l'Evangile, en fondant des missions. Dans ce sens, nous concluons qu'évangélisation et colonisation ont collaboré pour implanter la France sur les bords du Congo. C'est ce que confirme l'opinion du baron Jehan de Witte disant :

« A l'heure actuelle où l'attention se trouve de plus en plus attirée vers les questions coloniales, on célèbre volontiers avec raison, la vaillance, le patriotisme, l'esprit d'entreprise de nos hardis explorateurs, mais on est trop tenté d'oublier que nos missionnaires ont été partout les meilleurs auxiliaires, souvent même les précurseurs de l'influence française dans nos lointaines possessions » [2].

---

[2] J. De Witte, 1913, *Les deux Congo, 35 ans d'apostolat au Congo-Français de Mgr Augouard : les origines du Congo-belge,* Paris, Plon, p. 3.

1.2. Les raisons culturelles

Les missions européennes d'évangélisation vers les autres continents ont toujours œuvré à l'exportation de la civilisation de la puissance qui les met en mouvement. Les missions catholiques au Nord-Congo n'ont pas écarté ce devoir de leur œuvre d'évangélisation.

Les Européens, surtout les Occidentaux, étaient convaincus de la supériorité de leur race et leur civilisation à laquelle tous les autres peuples devaient se soumettre et s'arrimer.

Animés de ce préjugé, les missionnaires français accompagnaient les agents coloniaux dans l'exportation de la culture (française) dans le Nord-Congo. Ils croyaient que leur mission devait contribuer à l'enseignement des mœurs français, de la religion chrétienne comme fondement de la civilisation européenne qu'il fallait imposer aux indigènes.

Il s'agissait pour les missionnaires comme pour les administrateurs coloniaux d'occidentaliser les peuples africains du Nord-Congo tout en luttant contre les réminiscences des abus de leur propre commerce des esclaves (la traite négrière). Ils assumèrent cette mission tout en inculquant les valeurs de chrétienté aux peuples païens. Pour y parvenir plus facilement ils utilisèrent le français comme langue des enseignements de la civilisation et de l'évangélisation.

1.3. Les raisons religieuses : la volonté dominante du christianisme

L'évangélisation au XIXè siècle est facilitée par la prise de possession de l'Afrique par les puissances européennes : l'Angleterre favorise le développement du protestantisme, alors que la France et le Portugal lancent et soutiennent les missions catholiques. C'est dans ce contexte que les Spiritains reçoivent pour tâche complémentaire à l'occupation coloniale, de prêcher l'Evangile, d'implanter et d'organiser des paroisses tant au Sud qu'au Nord-Congo, possession française.

La présence de ces messagers étrangers dans la colonie française est entendue par eux comme l'aboutissement du puissant ordre du Seigneur : *«Allez, faites de toutes les nations des disciples, les baptisant au nom du Père, du Fils et du Saint-Esprit».*

2. Les moyens de l'exploration

2.1. Les voies de pénétration : les itinéraires

En l'absence des routes et des pistes terrestres, caractéristiques du niveau de l'économie du pays, la voie d'eau fut la seule à retenir l'attention du R.P. Augouard pour pénétrer la région de l'Alima et y installer les missions d'évangélisation.

L'Alima est une rivière profonde et navigable. Elle a été découverte et suivie par les explorateurs de la Mission de l'Ouest Africain conduite par Pierre Savorgnan De Brazza.

Outre le fait que l'Alima, par exemple était navigable en toute saison, ce cours d'eau avait aussi retenu l'attention de R.P. Augouard parce qu'il bornait, sur une partie de sa rive gauche, une vaste concession accordée à l'un de ses amis, industriel dans le Nord de la France : M. Gratry. Le Révérend Père retint de créer trois missions sur cette rivière, afin que les Pères et Frères qui y seraient affectés puissent se visiter et s'entraider tout en bénéficiant de l'aide des compatriotes des factoreries.

2.2. Les moyens techniques et matériels

Les progrès des sciences nautiques et de la construction navale ont également été des éléments déterminants dans l'aventure des missionnaires. En effet, même si la rivière Alima est profonde et navigable en toutes saisons, elle contient cependant des obstacles qui rendent la navigation en pirogue dangereuse. Le R.P. Augouard mit en exécution le projet qui le tenait depuis son contact avec les lieux : celui de « substituer aux frêles pirogues une baleinière en acier capable d'affronter troncs d'arbres, tornades, crocodiles et hippopotames ». C'est ainsi qu'il fit venir de l'Europe cette embarcation qui, sectionnée en plaques d'environ 30 kilos chacune, fut portée par les indigènes de la côte à Brazzaville.

Après s'être distingués comme ingénieurs, les Pères Augouard et Paris s'improvisèrent mécaniciens, forgerons, charpentiers, menuisiers, d'abord pour rassembler les pièces, ensuite pour fabriquer, avec du bois coupé dans la forêt, les planchers. Ce rude travail fut achevé en deux mois et, le 2 août 1886, le bateau fut lancé sur le grand fleuve où il allait « porter au loin, sur les eaux congolaises le nom et la suzeraineté de la France ». Ce bateau, peint par les artistes indigènes et baptisé du nom de Léon XIII (Pape de cette époque) par le P. Augouard (appelé Diata-Diata par les indigènes), était une « véritable mission flottante ».

C'est à bord de ce bateau que les « voyages missions » du R.P. Augouard se sont déroulées avec beaucoup d'efficacité sur le grand fleuve et l'Alima. Ce bateau fut aussi l'un des éléments de collaboration entre les missionnaires catholiques et les explorateurs français au Congo.

CHAPITRE II : FONDATION DES MISSIONS CATHOLIQUES SUR L'ALIMA

Après le Sud-Congo, les missionnaires catholiques s'intéressent à la partie Nord du pays. Pour propager l'Evangile et la civilisation occidentale, tous les moyens étaient utilisés (pacifiques et forcés). L'unique voie de pénétration du Nord-Congo étant l'eau, les premières missions furent donc installées le long du fleuve Congo et des rivières Oubangui et Alima, grâce à l'action des prêtres spiritains, particulièrement le Révérend Père Augouard.

Sur l'Alima précisément le R.P. Augouard implanta, entre 1897 à 1900, trois missions, sur la rive gauche du cours d'eau. Pour que les missionnaires ne s'y sentent pas isolés et pour qu'elles puissent être visitées facilement, le R.P. Augouard les voulut suffisamment rapprochées les unes des autres. Il s'agit des missions suivantes : Notre Dame de Lékety à Lékety, Sainte Radegonde de Tsambitso à Tsambitso et Saint François Xavier de Boundji à Boundji.

1. Notre Dame de Lékety (1897)

Le 8 juin 1897, Mgr Augouard et son escorte quittent Brazzaville à bord du Léon XIII pour fonder une première mission sur la haute Alima, précisément à Lékety. Il la place sur le site et sur les bâtiments abandonnés du poste administratif du même nom (Lékety) crée par Charles de Chavannes en 1883.

Ce fait confirme nos insinuations plus haut : les missions religieuses accompagnent l'administration coloniale et supplée souvent à son action : là où l'administration française n'arrive pas la mission catholique des Spiritains la précède ou la remplace.

Le Journal de la mission de Lékety nous donne les détails suivants sur les débuts du voyage :

«Le 8 juin 1897, le Léon XIII quitte Brazzaville pour l'Alima. Se trouvaient à bord : sa grandeur Mgr Augouard, capitaine du bateau ; le F. Elie, mécanicien ; le P. Le Gouay, le P. Gestin et le F. Henri ; deux enfants de Brazzaville, Kouka et Guinaka, destinés à la nouvelle mission ; Itouba, autre enfant de la mission qui accompagnait Monseigneur dans ce voyage ; six

hommes d'équipage formés de Pahouins et de Loangos et dix-sept travailleurs gabonais et loangos, destinés pour les constructions de la nouvelle mission» [3].

Une fois à Lékety, le 27 juin 1897, le Léon XIII s'y arrêta et Mgr Augouard décida que c'était l'emplacement de la nouvelle mission qui sera baptisée «Notre Dame de Lékety» et fut placée sous le patronage de l'Immaculée Conception. Dans les archives spiritaines une note nous précise les raisons de cette appellation:

« La mission de Lékéti a été placée sous le patronage de l'Immaculée conception, parce que la baronne de Gargan avait offert à Mgr Augouard les fonds nécessaires à la fondation d'une mission le jour de cette fête, le 8 décembre. Cette mission a été établie sur la Haute Alima pour maintenir ouverte la route par laquelle Savorgnan de Brazza est parvenu jusqu'à Brazzaville : une route qui deviendra bientôt celle du commerce avec le Haut Ogoué. La mission se met ainsi sous la protection d'un tout autre personnage et sous le signe du négoce » [4].

Cette mission de Lékety fut donc fondée grâce aux aides multiples venant des bienfaitrices de Mgr Augouard. C'est lors de son voyage en France en 1894 qu'il put récolter une somme de 32.000f destinée « à la fondation d'une mission dédiée à l'Immaculée Conception ».

Mgr Augouard laissa sur place le Père Charles le Gouay, Louis Gestin et le Frère Henri Deiss. Avec l'aide de la main d'œuvre ramenée de Brazzaville, ils remettent en état les cases de l'ancien poste administratif. Mais ces missionnaires vont très tôt se heurter à l'hostilité et à l'opposition des Tegue, peuples autochtones de la région.

La mission Notre Dame de Lékety va remplacer le poste administratif en tant que point de départ de la route qui mène à la station de Franceville et aussi le point de contact entre ses missionnaires et leurs confrères de cette station.

---

[3] M. Le Journal de la communauté de Lékety cité par J. Ernoult, 1995, *Les spiritains au Congo de 1865 à nos jours*, Congrégation du Saint Esprit, Paris, 461p. 160.

[4] A-B. Ibombo, 2012, *L'œuvre missionnaire de Mgr Augouard au Congo-Brazzaville (1881-1921)*, L'Harmattan, Paris, p. 88.

2. Sainte Radegonde de Tsambitso (1899)

Après la fondation de Notre Dame de Lékety, Mgr Augouard nourrissait l'envie d'avoir une seconde mission sur l'Alima. Le 28 décembre 1898, il quitte Brazzaville sur le Léon XIII, pour concrétiser son vœu. Suite à de nombreux problèmes techniques, il fut obligé d'emprunter le « peace », des missionnaires américains installés à Bolobo en territoire du Congo-Belge. Cette fois encore, une autre difficulté surgit dans la basse Alima, une violente tornade l'obligea de s'arrêter à Tsambitso où il fonda, le 15 janvier 1899, la mission de Sainte Radegonde. A ce sujet, Mgr Augouard raconte :

« Ce fut le dimanche 15 janvier, fête du saint Nom de jésus, qu'on arriva au pied de la colline depuis longtemps choisie comme emplacement de la mission de Sainte Radegonde. Le premier soin fut celui de monter sur la colline et d'en prendre possession par la prière » [5].

Pour la fondation de cette mission, on compte dans l'équipe de Mgr Augouard les Pères Casimir Legouguec, Martin Luec, Alphonse Donnadieu et le Frère Meinrad Neubeck. Elle sera remplacée par les Pères Marc Pédron, Jules Fréto, Jean Falconnet et Louis Masselard. Cette dernière va subir l'opposition de la population autochtone, marquée par moult actions mystiques. La mission dut fermer en 1910, pour ne devenir qu'une annexe de Boundji. Dans le bulletin général de la congrégation du Saint-Esprit de janvier-février 1957, on peut lire :

« Saint Radegonde fut fermée en 1910 et demeurera une annexe de Boundji. Le PP. Adolphe Jeanjean et Jean Scheer s'efforcèrent de maintenir la chrétienté. Elle reprit vie en 1948, avec l'arrivée de l'abbé Benoît Gassongo, originaire de la région qui reçoit, en 1954, l'aide du P. Jeanjean, écarté de Boundji » [6].

---

[5] A.B. Ibombo, op. cit, p. 92
[6] J. Ernoult, op. cit, p. 176-177.

3. Saint François Xavier de Boundji (1900)

3.1. Histoire de la fondation de la mission

Pour cette mission Mgr Augouard avait reçu un important don d'un bienfaiteur Canadien[7]. A bord du *Léon XIII* réparé, il quitte de nouveau Brazzaville, le 26 décembre 1899, pour l'Alima. Cette fois, enfin, plus de problèmes ; il arriva le 10 janvier 1900 à Otsé-Otsé (petit village au bord de l'Alima habité par Ofemba, d'origine Likouba). C'est là que Mgr Augouard ainsi que le Frère Stanislas, installa, la mission qui prit le nom de Boundji et qui fut dédiée à Saint François Xavier[8], le 10 janvier 1910.

Dans une lettre datée du 10 février 1900, publiée dans le BG de juillet de la même année, Mgr Augouard fait état de la fondation de la mission de Boundji en disant :

«Je reviens de mon voyage dans l'Alima où j'ai enfin fondé la mission de Saint-François Xavier à mi-chemin entre Saint-Radegonde et Notre Dame (Lékéti). Le site est excellent et de cette façon nous voilà bien casés avant l'arrivée des concessionnaires. Je n'ai demandé à l'administration que 6 hectares de terrain, au   lieu de 500, pour éviter les charges écrasantes imposée aux concessions par l'arrêté du 5 août 1899»[9].

Michel Legrain, biographe du Père Adolphe Jeanjean nous décrit lui aussi et de manière plus détaillée, les origines de cette mission de la moyenne Alima :

---

[7] Le projet de la mission de Boundji était vieux de 4 ans. Il remontait à 1896. Le T.R.P. Mgr Leroy avait reçu une lettre d'un curé du Canada M. Marseille, curé de la paroisse « o Canad's River ». Il se disait mandaté par une personne qui désirait faire un don important en vue de la fondation d'une mission dans un vicariat parmi les plus nécessiteux. Cette personne voulait garder l'anonymat et désirait avoir des détails sur la future mission avant de fixer son choix. Mgr Augouard se trouvait alors en congé à Paris, à la Mission Mère. Le T.R.P. lui remit la lettre en le priant de faire le nécessaire. Mgr Augouard répondit au bienfaiteur et donna force renseignements, montrant qu'il convenait parfaitement, qu'il remplissait toutes les conditions requises et qu'il serait heureux de fonder cette mission. Après échange quelques lettres, M. Marseille envoya 50.000 francs.
L'abbé Marseille avait demandé de confier la nouvelle fondation à son saint patron, St François Xavier. Mgr Augouard l'accepté avec plaisir et tint à ce qu'on ne donnât pas d'autres noms (Lire Père Adolphe Jeanjean : *Les origines de Boundji et l'œuvre missionnaire de 1900 à 1912*, p6-7).
[8] François Xavier c'est le prénom de M. Marseille, prêtre français établi au Canada depuis cinq ans et qui s'était proposé pour contribuer financièrement à la construction d'une mission dans un pays particulièrement pauvre. Il avait donné une bonne somme à Mgr P. Augouard tant pour la construction que pour l'installation des religieuses à Boundji. C'est donc par reconnaissance que Mgr Augouard donne ce nom à la paroisse.
[9] A.B. Ibombo, op. cit, p. 98.

«A la fin de l'année 1899, Mgr Augouard charge ses bateaux, le Léon XIII et le Diata de tout le personnel et de tout le matériel indispensable pour la fondation de Boundji. Au Père Colombel et au Père Mauger et au Frère Stanislas, on adjoint toute une équipe de travailleurs loangos : ils comprennent quelque peu le français. Ils pourront entreprendre de gros travaux tout en créant les premiers liens avec la population autochtone. Destination : la mission de la Moyenne Alima, sur un lieu déjà repéré, à 100 km environ de Lekéti et de Sainte-Radegonde. Après une dizaine de jours de navigation, le Diata, accoste, le 10 janvier 1900, à Otsétsé, petit village d'un Likouba nommé Ofemba. On abrite provisoirement le matériel, on plante des tentes et Monseigneur donne avant de repartir, sa meilleure bénédiction. On appela officiellement cette mission Saint François-Xavier» [10].

Mais le nom de Boundji prévalut très tôt, même si la paroisse demeure consacrée à Saint François-Xavier. Michel Legrain tente d'expliquer l'origine du terme Boundji :

«Le terme Boundji englobe plusieurs groupes de Mbochis qui se distinguaient alors par quelques caractéristiques bien typées : les uns habitaient une zone de haute herbes où vivaient des buffles, d'autres étaient renommés par leurs disputes, d'autres par leur façon de battre le tam-tam, d'autres enfin parce qu'ils ne voyageaient pas sans empoter une petite calebasse au bout de leur sagaie. Mais tous ces gens-là avaient en commun de passer l'Alima au lieu où s'établit la mission, et chacun trouva commode de nommer ce lieu-là Boundji » [11].

Cette insinuation du Père Legrain est à accepter avec suffisamment de réserve. Une tradition locale lie ce nom à une plante arbustive à branches flexibles (comme des lianes) appelée « Ibondji » en Mbosi, sous laquelle se tenait un marché qui réunissait les Mbosi des deux rives de cette zone de la rivière Alima. Le lieu finit par abriter un village où les Pères du Saint-Esprit installeront la plus brillante église du Congo septentrional. Dans les temps modernes, le terme Boundji désigne une zone géographique qui regroupe plusieurs chefferies et regroupements Mbosi. Depuis 1962, le terme fait référence au district administratif des groupes Mbosi et des groupes Tegue (Teke-Alima) dont le chef-lieu est ce village religieux. Située dans la zone de transition entre la forêt équatoriale au Nord et la savane des plateaux Batéké au Sud, la zone de Boundji

---

[10] M. Legrain, 1994, *Le père Adolphe Jeanjean*, Editions du Cerf, Paris, p. 51.
[11] M. Legrain, op. ct, p. 51.

est limitée au Nord par Fort Rousset et Ngoko, au Sud par l'Alima et Allembé, à l'Est par Oyo à l'Ouest par Ewo et Okoyo.

3.2. Les difficultés de la mission et sa réouverture

La mission de Boundji connut des débuts difficiles. C'est ici que commença le conflit Noirs autochtones contre les Blancs (Français) considérés tous comme des agents coloniaux. Jusqu'à trois ans après sa fondation, les Pères ne parvinrent pas à convertir un seul noir. Plus douloureux, dans le même temps tous les créateurs de la mission moururent. La mission fut fermée de novembre 1903 à septembre 1904.

Le 30 septembre 1904, le Père Prat fut chargé de rouvrir la mission, pour le grand bonheur des missionnaires et l'intérêt futur des populations locales. Une nouvelle équipe fut mise en place, constituée des Pères Jean Prat et Édouard Épinette ainsi que du Frère Pol de Léon Cornec. Se méfiant du site choisi par les prédécesseurs, elle décida de désinstaller la mission. Ainsi la désormais nouvelle mission fut-elle construite à environ 300 mètres de l'Alima sur un terrain sablonneux que les missionnaires, avec le concours de la population, vont améliorer par petites touches grâce à la terre prise en forêt.

À son arrivée, le Père Prat usa d'une méthode peu orthodoxe pour constituer sa communauté : il arracha de force à leurs parents ou acheta les jeunes filles, avec pour prétexte de les préparer à la vie de femme chrétienne. Mais peu à peu, cette méthode qui simulait l'esclavage cessa et la méfiance disparut entre les populations et les missionnaires, et, ceux qui les avaient naguère accueillis à coups de sagaies mirent les enfants à leur disposition.

Ainsi, à Noël 1905 on célébra quatorze baptêmes à Boundji et la mission de Saint François-Xavier, la dernière-née sur l'Alima prit son essor. Dès lors, les trois missions de l'Alima se développèrent avec une célérité surprenante. Cela fit la gloire de Mgr Augouard qui avait su gagner des âmes sur les rives de l'Alima en installant des missions sur cette rivière.

Boundji, la dernière des missions de l'Alima demeurera la plus illustre et la plus féconde. Sa position centrale lui permettra de devenir le cœur de la chrétienté non seulement des populations Mbosi, mais aussi de toute la partie Nord du pays.

Les missionnaires usant de leur méthode y construisirent des structures sociales destinées à l'instruction, à la santé, à l'internement des chrétiens (village chrétien appelé Saint Benoît). La création de ce village permit aux missionnaires d'éloigner les jeunes des traditions locales (polygamie, fétichisme).

CHAPITRE III : LES SŒURS FRANCISCAINES MISSIONNAIRES DE MARIE ET LEURS ACTIONS A BOUNDJI

En octobre 1890, le vicariat apostolique de l'Oubangui est créé et la charge est confiée à Mgr Augouard. Après avoir implanté des missions sur le Congo et l'Oubangui, il résolut d'en implanter aussi sur l'Alima. C'est dans ce contexte que fut fondée celle qui sera considérée comme la mission la plus importante du Nord-Congo, à Saint François Xavier de Boundji.

Au nom de l'extension rapide de cette mission et surtout de l'affluence des filles, Mgr Augouard se résolut à recourir aux religieuses pour leur prise en charge. Après avoir essuyé le refus de plusieurs congrégations, il reçut l'assentiment des Sœurs Franciscaines Missionnaire de Marie.

1. Présentation de la congrégation des Sœurs Franciscaines Missionnaires de Marie

La congrégation des Sœurs Franciscaines Missionnaires de Marie est l'une des nombreuses congrégations féminines catholiques. Outre elle, on peut citer les Sœurs de Joseph de Cluny, les Sœurs de la Sagesse, les Sœurs Bleues de Castres, les Sœurs de Saint-Paul de Chartres, etc. Elle a été fondée en 1877 à Ootacamund (Tamil Nadu, Inde), sous l'impulsion d'Hélène de Chappotin de Neuville (1839-1904) membre de la congrégation des Sœurs de Marie-Réparatrice. Elle est connue sous le nom de Sœur Marie de la Passion.

1.1. Identification des Sœurs Franciscaines Missionnaires de Marie

La congrégation des Sœurs Franciscaines Missionnaires de Marie est née de l'autorisation que la Sœur Marie de la Passion avait reçue du Pape Pie IX de créer un nouvel institut spécifiquement destiné aux missions. Cette nouvelle famille religieuse est reconnue de droit diocésain le 24 avril 1877 par Mgr Bardou, vicaire apostolique de Coimbatore (Inde).

Le 4 octobre 1882, l'institut est agrégé à l'ordre des Frères mineurs ; le 12 août 1885, il reçoit le décret de louange. L'approbation définitive du Saint-Siège intervient le 17 juillet 1890, et, le 11 mai 1896 ses constitutions sont reconnues.

Actuellement, les Sœurs Franciscaines Missionnaires de Marie (FMM) sont présentes dans plus de 70 pays des cinq continents, réparties dans plus de 800 communautés. Elles sont représentées au sein de l'Organisation des Nations Unies (ONU) avec l'ONG Franciscain international.

Les Sœurs Franciscaines Missionnaires de Marie sont entièrement « vouées » à la mission universelle, prêtes à aller partout et à tous, pour annoncer l'Evangile du Salut à ceux à qui le Christ n'a pas été révélé, à ceux parmi lesquels l'Eglise est moins présente, avec une préférence pour les pauvres. La fondatrice de la congrégation Mère Marie de la Passion est décédée en 1904.

1.2. Le rôle de la congrégation des Sœurs Franciscaines Missionnaires de Marie

Ce rôle est défini dans la vocation assignée à la congrégation par sa fondatrice. Les Sœurs Franciscaines Missionnaires de Marie se vouent principalement aux missions et à l'adoration eucharistique. Elles ont pour charisme « contemplation et action au service de la mission universelle par l'adoration de Saint François d'assise selon l'Evangile ».

Ce rôle on le retrouve dans le projet de Marie de la Passion, dans lequel elle définit les buts de son action. Il y a d'abord celui « d'associer les femmes indigènes à l'œuvre missionnaires ». En effet, pour elle, la femme devrait avoir un rôle déterminant dans l'œuvre de l'évangélisation. Le Père Michel Hubaut dit d'elle :

« Elle a saisi que l'Incarnation rédemptrice était impossible sans Marie. Il n'y a donc pas de mission possible sans la femme ». [12]

Les femmes l'ont d'ailleurs toujours assumé : ce sont les femmes qui ont annoncé la Résurrection. Faisant preuve d'une foi audacieuse, elles trouvent tout : obscurité, grands prêtres ou chefs des synagogues. L'on sait d'ailleurs que ce sont elles qui ont procédé à l'enterrement du corps de Jésus.

---

[12] Hubaut M ., cité par Nzenzili Mboma L., Bazin C., *« Les oblates franciscaines missionnaire de marie: de simples auxiliaires à de véritables partenaires de la mission en Asie et en Afrique »* in Editions Karthala, « Histoire et missions chrétiennes », 2011/3, N°19, p. 97-124.

De la Mère Marie de la Passion, le Père Michel Hubaut ajoute :

« Le ministère ecclésial de la femme qui trouve de nos jours de timides applications, est en germe en Marie de la Passion. Elle a vu des approches, des pénétrations, des médiations missionnaires que seule la femme peut accomplir. Elle a vu des biens évangéliques du Royaume, que seule la femme peut bien saisir et communiquer. Elle saisit et pense la mission en femme, capable par ses intuitions propres de renouveler un domaine généralement pensé et défini par des hommes. Aussi sa charité universelle refusera t'elle toute limite, toute spécialisation dans un domaine précis. Quels que soient les appels missionnaires qui lui parviendront, elle suscitera et préparera la réponse, avec une audace qui ne sera arrêtée par rien »[13].

Cette vision de la mission ouverte au monde, elle l'a exprimée dans le règlement qu'elle a élaboré et soumis à Mgr Bardou : « Plan de l'Institut des Missionnaires de Marie ».

Ensuite, elles ne sont pas simplement des « auxiliaires », mais des femmes « consacrées », au service de l'Eglise. En effet, prenant conscience des besoins considérables dans le domaine de l'action des femmes dans l'Eglise, Mère Marie de la Passation se rend compte que préparer des auxiliaires indigènes à l'action des religieuses missionnaires ne suffit pas ; il faut faire d'elles des femmes consacrées à Dieu. Elles seront choisies parmi celles qui aspirent à se donner à Dieu. Relevant les difficultés qui peuvent se poser à la réalisation de son œuvre notamment l'éloignement des noviciats pouvant accueillir les jeunes filles indigènes (les premières fondations FMM se trouvent en Asie plus précisément Inde, Ceylan, Birmanie, Chine, Japon, or les noviciats sont à Rome et en Bretagne), elle conçoit l'idée d'associer des femmes et des jeunes filles à son projet missionnaire.

Ainsi, dès 1880, elle encourage « l'admission de pieuses chrétiennes dans le Tiers Ordre de Saint François. Les plus fidèles d'entre elles seront reçues « Agrégées » (collaboratrices des religieuses dans leurs tâches, et participant à certains aspects de la vie interne de l'Institut). Pour elle, la formation de religieuses indigènes est un défi. Aussi, l'insère-t-elle dans un plan d'ensemble.

Enfin, pour elle, il s'agit de « former le noyau de congrégations autochtones ». Ces religieuses indigènes pourront être des Franciscaines

---

[13] Hubaut M ., cité par cité par Nzenzili Mboma L., Bazin C., op. cit.

intégrales ou des collaboratrices dans leur propre Eglise locale. Cela pourrait amener l'établissement d'un centre de formation missionnaire destiné à recevoir aussi bien des vocations propres à l'Institut que d'autres envoyées par les vicaires apostoliques. Ces dernières pourraient alors former le noyau des congrégations autochtones, composé de jeunes filles de 12 à 18 ans qui désirent avoir une vie religieuse.

Après avoir reçu l'approbation de son projet par la S.C. *De Propaganda Fide*, en janvier 1887, elle commence « Le probandat le 19 mars 1889 avec six adolescentes. Mais elle se heurte à deux difficultés : les premières indigènes ne parviennent pas à s'acclimater à Rome ; par ailleurs, certaines familles marquent leur opposition au départ de leurs filles vers l'Europe. L'idée lui vient alors de les former dans leur milieu, avec toutefois le transfert en Europe (au noviciat international des Châtelets en Bretagne, puis à Grottaferrata près de Rome) de celles qui peuvent s'adapter en Europe et dont les familles ne s'opposent pas à leur départ.

Pour la Mère Marie de la Passion la formation des vocations indigènes (intégrales ou agrégées) est une tâche délicate qui implique une grande ouverture et un sens élevé de la collaboration avec d'autres. Les Franciscaines Missionnaires de Marie accueilleront des jeunes filles indigènes comme Sœurs de l'extérieur. Leur formation se fera en trois étapes : Tertiaires, Agrégées puis Sœurs de l'extérieur. La création de la branche indigène Franciscaine Missionnaire de Marie est une réponse d'une part aux besoins des évêques et prêtres missionnaires par l'engagement des femmes et jeunes filles de leurs territoires, et d'autre part, aux aspirations de ces dernières à une consécration authentique à suivre Jésus-Christ.

2. Installation des Sœurs Franciscaines Missionnaires de Marie à Boundji

Boundji est la première mission en terre congolaise à recevoir, en 1910, les Sœurs Franciscaines Missionnaires de Marie. Elle est suivie en 1926 par Notre Dame de Lékety, avant Brazzaville (Poto-Poto) en 1946. Ayant constaté le nombre considérable des filles que les Pères avaient arrachées ou achetées des parents et rassemblées dans cette mission de l'Alima, Mgr Augouard pensa à l'ouverture d'un centre pour la formation et l'éducation de ces filles. Il le dit lui-même en ces termes :

« Nous songeons à établir des religieuses, car les indigènes ne veulent nullement consentir à nous donner leur fille pour les faire instruire à Brazzaville. Ils craignent de ne plus les revoir. Cette installation pourra d'ailleurs devenir un centre pour les filles de Sainte Radegonde et Leketi. Dieu veuille que ce soit bientôt »[14].

La congrégation des Sœurs Franciscaines Missionnaires de Marie est arrivée à Boundji par la volonté de Mgr Augouard qui, lors de son congé en France en 1907 donna de nombreuses conférences dans les cercles religieux. Au cours de ces rencontres, il vantait son action au Congo, pour susciter des vocations pour l'Afrique.

Mgr Augouard entra en contact avec cette congrégation pour solliciter de l'accompagner dans son soutien à l'œuvre courageuse des missionnaires de Saint François-Xavier. Il reçut un accueil favorable ; et finalement, le 24 juillet 1910, il arriva à Boundji, à bord du Léon XIII, accompagné des six premières religieuses de la mission de Boundji, notamment : la Mère Marie-Catherine de Bologne, la supérieure, 28 ans ; la Mère Photine, 31 ans ; la Mère Ameline, 43 ans ; la Sœur Justine, 36 ans ; la Sœur Pétronille, 25 ans ; la Sœur Françoise. Leur arrivée fit sensation à Boundji. La Mère Marie Catherine de Bologne écrit dans son journal de voyage :

« Vers 4h, c'est l'accostage à Boundji et l'accueil dans une joie délirante. Les Pères de la mission étaient là avec leurs petits garçons et aussi nos chères fillettes qui ne se tenaient pas de joie. Vous ne pouvez-vous figurer leurs transports, leur bonheur, elles crient à ressusciter les morts, elles chantent, elles dansent en agitant leurs mains noires, car enfin elles aperçoivent les Sœurs attendues depuis si longtemps. Pauvres chères enfants ! Vous n'êtes pas plus émues, ni plus heureuses que nous »[15].

Relatant les faits, le Père Jeanjean écrit :

« Au mois de juillet 1910, le Pie X transportait l'évêque et six sœurs franciscaines qui allaient s'établir près de la station Saint François-Xavier, sur les bords de l'Alima, amenant avec elles une trentaine de fillettes originaires de cette région. L'arrivée des sœurs était attendue avec impatience, et ce fut une joie délirante quand on les vit débarquer au milieu

---

[14] S.O. Cléret de Langavant, S.C. Bazin, 2010, *Le charisme d'un missionnaire. Cent ans d'histoire des Franciscains Missionnaires de Marie au Congo-Brazzaville - 1910-2010*, p. 27.

[15] A.B. Ibombo, op. cit, p. 105.

de la population avertie une demi-heure d'avance par les sifflets du bateau »[16].

L'arrivée des Sœurs Franciscaines Missionnaires de Marie à Saint Benoît fit une forte impression sur des populations qui voyaient des femmes blanches pour la première fois. Ajoutons que leur tenue singulier et impeccable, d'une blancheur immaculée et qui les couvrait de haut en bas renforçait cet émerveillement. Elles étaient aussi jeunes et jolies.

Mrg Augouard rapporte :

« La vue des six sœurs blanches fit sensation... Elles avaient déjà pris contact avec une vingtaine de filles qui étaient descendues à Brazzaville pour les chercher. Elles allaient commencer leur travail avec une œuvre de cent filles. Longtemps, elles servirent de curiosité aux Noirs qui venaient les voir, n'ayant pas encore vu de femmes blanches »[17].

Avec cette arrivée, la mission Saint François-Xavier pouvait organiser son action en créant l'œuvre des Sœurs.

La Sœur Andrée de Ségni, 31 ans, les rejoignit bien plus tard, venant de Lékety. Leur mission était de s'occuper de l'œuvre des filles pendant que les Pères s'occupaient des garçons.

Les Sœurs Franciscaines Missionnaires de Marie avaient à leur disposition, une grande maison principale, une petite maison secondaire et une cuisine. A cela, on peut ajouter un élevage domestique, un verger et des champs. Dès le 31 juillet, les religieuses par la plume de Mère Marie-Catherine de Bologne font part à leur Supérieure Générale des installations mises à leur disposition :

« La maison est très simple, très fraîche, très commode. Une véranda court tout autour et protège de la chaleur ; nous y avons tout ce qu'il nous faut : une chapelle, une salle pour l'oratoire et la lingerie, un vaste magasin, car il faut se nourrir de provisions pour des mois parfois, un dortoir et une chambre à coucher pour la supérieure. En face de cette première construction, une autre plus petite contient un parloir, un réfectoire, une buanderie de là. La cuisine est à vingt mètres de là ; ceci vous semblera

---

[16] A.B. Ibombo, op. cit, p. 104.
[17] Mgr Augouard cité par Legrain M., op. cit, p. 89.

drôle, mais c'est pour une précaution bien nécessaire ici pour éviter les incendies »[18].

Pour l'approvisionnement en eau potable, en dehors de la belle rivière Alima qui coule à 500 mètres de la mission, grâce à l'ingéniosité des Pères et des Frères un château d'eau fut érigé à la mission.

Peu après leur installation, les Sœurs Franciscaines Missionnaires de Marie se mirent aussitôt au travail. Leur mission était de s'occuper surtout de l'œuvre des filles et des femmes pendant que les Pères s'occupaient eux des garçons. Sœur Odile de Langavant, appartenant à cet institut et missionnaire au Congo, écrit :

« Oui ! Les F.M.M peuvent arriver pour remplir leur rôle d'éducatrices des jeunes filles et fillettes du Congo à Boundji. Elles remplaceront les vieilles grand-mères si dévouées auprès de ce monde turbulent...Elles sont attendues pour collaborer avec les missionnaires spiritains à l'évangélisation de ce coin de terre du Congo »[19].

Isolées dans les profondeurs de l'Afrique Equatoriale Française, les Sœurs Franciscaines Missionnaires de Marie de Boundji vont privilégier la population féminine, avec à leur charge 80 filles. Mais elles en attendaient encore beaucoup d'autres. Leur œuvre consistait à leur apprendre le catéchisme, les métiers du ménage. Elles ont œuvré aussi dans le domaine de la santé, en créant des dispensaires. Elles se familiariseront avec les coutumes locales, apprenant même la langue Mbosi. Ainsi, après les difficultés et les erreurs du début, elles purent continuer leur apostolat auprès de cette population qui les adopta.

Dressant le bilan qui confirme l'évolution de leurs activités à Boundji, l'une d'entre elles, la Sœur Marie Joséphine écrit : *« l'œuvre des filles à Boundji m'intéresse vivement, elle est florissante »*[20].

En fait, chacune des religieuses imprima son image et sa marque. Par exemple, la Sœur Andrée captivait plus que les autres par son grand courage et son franc-parler. Elle engueulait tout le monde comme un homme et se faisait bien respecter. Elle s'occupait de l'internat des filles. Douée d'une formidable énergie, elle dormait très peu pour mieux surveiller les gestes de quelques jeunes garçons qui logeaient non loin de là et qui pouvaient venir rôder autour des dortoirs pour

---

[18] M. Legrain, op. cit, p. 89.
[19] S.O. Cléret de Langavant, S.C. Bazin, op. cit, p. 27.
[20] A.B. Ibombo, op. cit, p. 105.

écouter à travers les murs de bambou, les petites causeries des filles ou leurs ronflements. L'imprudent qui se faisait prendre était présenté en urgence au Père Prat qui le renvoyait aussitôt chez lui. La séparation des deux sexes était intangible.

Avec cette arrivée des religieuses et la bonne réputation de leur action, les parents des jeunes filles devinrent de plus en plus rassurés sur l'aventure de leurs enfants à Boundji. A partir de ce moment, les recrutements se firent plus aisément qu'auparavant ; la relation entre la population et les missionnaires devint apaisée.

3. Actions des Sœurs Franciscaines Missionnaires de Marie à Boundji

L'installation des Sœurs Franciscaines Missionnaires de Marie à Boundji a été la concrétisation du projet de Mgr Augouard d'appeler les religieuses pour la prise en charge des filles qui affluaient à la mission. Sur place elles ont mené leur apostolat dans diverses directions : œuvres des fiancées, catéchismes, dispensaires, marquant de leur empreinte la vie de toute la contrée.

3.1. L'éducation des filles

Les Sœurs Franciscaines Missionnaires de Marie étaient arrivées à Boundji accompagnées d'une trentaine de fillettes originaires de la région. Elles y trouvèrent déjà, à leur charge, 80 filles et se mirent aussitôt à l'œuvre. Mgr Augouard constate l'engouement à l'ouverture de cette œuvre :

> *« Cette communauté naît pour ainsi dire à l'âge adulte, car déjà quatre-vingts petites filles se pressent à l'œuvre des Sœurs ; les arbres fruitiers sont la plupart prêts à produire et d'immenses plantations de manioc assurent la nourriture à tout ce petit peuple noir dont l'estomac est toujours à la hauteur de n'importe quelle aubaine inattendue. Le gros gibier s'était mis lui-même de la fête, et en huit jours le chasseur noir de la mission[21]*

---

[21] Le chasseur noir attitré de la mission c'était Ombola, l'ami du Père Prat. Le Père fit connaissance avec Ombola lors de ses tournées sur la rive gauche de la rivière Ngoko. En effet, Ombola habitait au village Oyenze/Ossangui. Malgré la grande amitié liant les deux hommes, Ombola resta païen toute sa vie. Féticheur réputé et polygame, il chassait au fusil de marque *Gras,* une arme redoutable à l'époque en comparaison avec les fusils à poudre et silex que l'on connaissait déjà dans le pays depuis la traite (Lire J. Ollandet, 2016, Le premier foyer culturel du Nord-Congo. L'Histoire de Boundji, Congo-Brazzaville, L'Harmattan, p. 81).

avait tué deux bœufs, deux antilopes, et même un éléphant dont les énormes côtelettes n'effrayèrent pas nos petites négrillonnes »[22].

Les filles enrôlées par les missionnaires recevaient ainsi une éducation fondée sur les principes chrétiens. Le séjour d'une fille au centre durait 20 mois minimum, consacrés malheureusement à la seule éducation religieuse. Ce temps était considéré comme court pour une fille villageoise, d'autant qu'elle pouvait arriver au centre au-delà de 13 ans et était ainsi repartie :

-18 mois du catéchisme, jusqu'au baptême ;

-2 mois de préparation à la première communion et pour recevoir le scapulaire.

La formation des filles à Boundji se limitait à :

-l'enseignement du catéchisme chaque matin et la répétition chaque après-midi ;

-des séances de prière (matin et après-midi) ;

-l'assistance à la messe dominicale ;

-l'entraînement au travail ménager : culture de champ de manioc, jardinage (potager), apprentissage à la préparation de repas (confection de pain de manioc), couture (confection de draps, d'habits d'enfant, de nappes de table), entretien des locaux et des jardins, transport d'eau depuis la source.

On relève que cette formation ne réservait pas une grande place à l'apprentissage de l'écriture et du calcul pour permettre aux filles d'avoir accès aux prières et aux dogmes essentiels. L'œuvre des Sœurs eut néanmoins un impact positif auprès des populations. Les familles dont les épouses étaient d'anciennes filles de Saint François-Xavier furent souvent citées comme exemples de femmes modernes. Dix ans après la fondation du centre, la Mère Photine notait :

« Des baptêmes, oui, nous en avons grâce à Dieu, et, outre les anges que nous envoyons au Paradis, il se forme peu à peu des foyers chrétiens... Nos filles ont bonne réputation, on vient les chercher de loin. Cette œuvre des filles chrétiennes qui, après une formation au travail ébauchée, quelques rudiments d'instruction et surtout un enseignement religieux quotidien, fortifié par la

---

[22] M. Legrain, op. cit, p. 89.

pratique, donne des femmes chrétiennes aux foyers convertis. C'est vraiment l'avenir de la Mission. Avoir des familles chrétiennes, des enfants de chrétiens, c'est le rêve du missionnaire... »[23].

D'année en année, il y avait une certaine ferveur. En 1931 « il y a 75 catéchumènes internes et 55 externes. Toutes font 18 mois d'études et plus parfois. Elles sont instruites par Sr Marie Andrée. Cette année il y a eu 78 baptêmes ». En 1934, « sur les 200 filles internes, on dénombre 80 chrétiennes mariées et mises d'office chez les Sœurs à 13 ans, 120 païennes, fiancées à des chrétiens qui se préparent au baptême et au mariage religieux ». Plus tard, quelques filles des rives de l'Alima eurent de la vocation à devenir des religieuses, sans doute, à partir de cet attrait magnifique et de cette propension à rendre service aux autres êtres humains.

La formation comptait aussi des promenades hebdomadaires, le plus souvent pour aller à la pêche ou encore pour visiter les malades des villages environnants ou prendre des nouvelles d'une élève absente.

Cependant, cette œuvre centrée uniquement au site de la mission ne manqua pas d'insuffisances. Mgr Guichard qui succéda à Mgr Augouard en 1921 pensa qu'on ne pouvait plus continuer à sortir l'Homme de son milieu païen pour qu'il évolue dans un milieu saint. Il fallait plutôt l'évangéliser dans son milieu de vie. Pour lui, la nouvelle pastorale de l'Église est de rayonner partout, d'aller vers les chrétiens, même les plus éloignés, leur procurer les mêmes avantages que ceux des missions-mères. Or, le milieu de vie que l'on propose est souvent créé de toute pièce, manquant de réalisme. Aussi est-il normal que l'indigène catéchisé renoue avec ses vieilles habitudes, une fois rentré au bercail. Par ailleurs, l'administration coloniale qui reprochait à la mission de recevoir les jeunes valides pour le travail et l'impôt envisagea même de disperser le village chrétien de Saint-Benoît, affirmant que des éléments indésirables s'y étaient introduits. On doit ainsi relever que l'œuvre des missionnaires n'avait pas fait seulement des satisfaits.

Les relations des villages avec la mission furent parfois tumultueuses, surtout avec l'arrivée des Sœurs. Il ne manquait pas de récalcitrantes parmi les enfants en charge ; certaines tentaient de s'enfuir. En 1921 le Père Jeanjean releva la fuite de 9 filles qui revinrent par la suite, puis sept filles qu'on retrouva le

---

[23] S.O. Cléret de Langavant, S.C. Bazin, op. cit, p. 91-92.

lendemain. On releva aussi la mort subite d'une fille de 16 ans environ. Elle s'était disputée avec une autre fille le lundi précédent, à trois reprises.

En plus de l'éducation, l'œuvre missionnaire s'attelait de façon spécifique à préparer les jeunes filles à la vie de couple.

3.2. L'œuvre des « fiancées »

Les Sœurs Franciscaines Missionnaires de Marie s'investirent aussi dans « l'œuvre des fiancées » dès leur arrivée. Adoptant un mode de vie simple qui marqua les esprits, elles reçurent un accueil très favorable auprès des familles qui accepteront le départ de leurs filles au centre religieux. Ainsi, la population de fillettes qui était de 80 à leur arrivée passa à 120 au début de l'année 1911, pour atteindre le nombre de 500 au moment où le centre fut transformé en école ménagère. C'est la Sœur Andrée qui s'occupait de ces filles dont le système de recrutement avait été initié par le Père Prat[24]. Mais ce fut le Père Schikelé le grand animateur. Il entreprit les plus grands recrutements, parcourant les villages et enlevant de force les filles ou offrant aux parents des cadeaux constitués d'étoffes, de sel et de quelques parures. Ces cadeaux étaient perçus par les familles comme un gage de sincérité du missionnaire à bien traiter les enfants.

Le Père Schikelé parcourut non seulement les villages alentours de Boundji, mais alla jusqu'à l'autre côté de l'Alima, et sur les rives de la Mpama, payant la dot des filles qu'on voulait bien lui donner. Celles-ci étaient ensuite amenées auprès des religieuses qui s'attelaient à les former à leurs futures tâches d'épouses chrétiennes et de mères de famille. Après quoi elles devaient épouser des hommes chrétiens qui malheureusement versaient la dot à la mission et non aux parents.

En fait, l'œuvre des «fiancées» devait aboutir au mariage chrétien. Celui-ci avait été institué par les missionnaires pour lutter contre la pratique de la

---

[24] Devant la difficulté des prêtres d'obtenir la collaboration nécessaire des populations locales pour avoir leurs enfants à la mission Saint François-Xavier de Boundji, le Père Prat mit au point un stratagème. Alors, il imagina une méthode originale, celle du recrutement des jeunes filles pour le catéchuménat à Boundji. On appellera plus tard, les « financées » du Père Prat. Ce fut au début de l'année 1905 qu'il lança son initiative avec six fillettes, âgées de 10 à 12 ans environ. Il les avait eues des villages proches. Comme il n'y avait pas de structures adéquates à la mission pour les héberger et s'occuper efficacement d'elles, Prat les confia alors à la charge de quelques rares familles qui venaient de s'installer dans le petit village de Saint-Benoît (J. Ollandet, op. cit, p. 42-43).

polygamie en milieu Mbosi. C'est ainsi qu'on pouvait lire : *« Nous avons toujours à lutter contre les coutumes païennes, la polygamie surtout »*[25].

Par ailleurs, en donnant tous ces cadeaux aux villageois pour le départ de leurs filles à Boundji, les missionnaires avaient assimilé leur geste à la dot que le Mbosi verse aux parents de la fille qu'il prend en mariage comme gage d'alliance scellée entre sa propre famille et celle de sa future épouse. C'est le paradigme fondamental de ce geste auquel la société tient fermement. On n'enlève pas la jeune fille de son milieu parental sans donner la preuve de sa bonne foi. Ceci est valable pour toute l'Afrique.

On comptait alors au centre tenu par les Sœurs Franciscaines, deux catégories de fille : certaines étaient placées par leurs parents qui les confiaient directement au Père Schikelé, selon l'un ou l'autre mode de recrutement mentionné ci-dessus ; d'autres étaient de jeunes fiancées, confiées aux Sœurs par leurs futurs époux, jeunes gens chrétiens ou païens, catéchumènes qui avaient déjà versé la dot aux parents des filles et qui voulaient, pour leurs futures épouses, une instruction et la préparation au baptême. Eux-mêmes s'y mettaient aussi s'ils n'étaient pas encore baptisés. Tout était organisé pour faciliter, avec la création des familles chrétiennes, la propagation de la religion chrétienne au détriment des coutumes locales. Ces familles chrétiennes pouvaient retourner vivre dans leurs villages ou s'établir au village chrétien. Cette dernière option réjouissait les missionnaires puisque, désormais, ces chrétiens « vivent dans le rayonnement de la mission, assistent aux offices, sont continuellement instruits, aidés, guidés, leur petite famille trouve autour d'elle des habitudes chrétiennes ».

L'éducation à la vie de famille fut complétée par la formation des filles à l'artisanat précisément la puériculture.

---

[25] S.O. Cléret de Langavant, S.C. Bazin, op. cit, p. 26.

3.3. La puériculture

Les Sœurs Franciscaines Missionnaires de Marie s'investirent également dans la formation des filles dans les domaines de la couture et de la broderie. A cet effet, un ouvroir fut installé. Chaque jour les « fiancées » venaient apprendre la puériculture, sous la conduite de la Sœur Dalmace arrivée à Boundji en 1928. Deux équipes furent formées : les plus grandes travaillaient le matin et les benjamines y venaient l'après-midi. Elles vont réussir de jolis ouvrages de toile qui étaient vendus à des Européens de passage ou envoyés à Brazzaville, au Père Rémi. Une bonne partie de la production est même envoyée à Mgr Guichard qui succéda à Mgr Augouard. Il se chargea « de faire écouler le travail des ateliers de ses missions ». Le travail des filles devint même une bonne source de revenus.

Le témoignage sur la formation des filles à la puériculture est donné par Georges Gnongo :

« S. Dalmace de 1929-1959... affectée dans la communauté religieuse en 1928, couturière de profession, elle s'occupa de tailler des robes pour habiller des petites filles. Ce fut elle qui ouvrit l'école ménagère que les filles appelaient Atelier et où elles venaient apprendre à travailler à l'aide d'une aiguille à tricoter et à faire le ménage. Une fois mariées, nos filles n'avaient pas de difficultés pour assurer leur ménage grâce à l'enseignement donné par S. Dalmace. Fatiguée, elle quitta Boundji toute contente : mission accomplie »[26].

3.4. L'épanouissement culturel

Les Sœurs Franciscaines Missionnaires de Marie ont, d'une certaine manière, contribué à l'épanouissement culturel des filles qu'elles avaient à leur charge. On peut rappeler que leur œuvre avait été précédée par celle des Pères de Boundji qui achetaient des filles afin de les préparer comme de futures épouses dignes de leurs prétendants devenus chrétiens. Ces filles étaient confiées à des femmes païennes du voisinage repérées et suivies, qui devaient les élever. Mais ce système ne pouvait se perpétuer. Avec l'établissement des Sœurs et la création de l'école ménagère (à Brazzaville surtout), les parents comprirent l'importance de cette formation qui valorisait leur progéniture féminine en vue du mariage. Quand elles prirent possession de leur communauté, les Sœurs Franciscaines

---

[26] G. Gnongo, *« L'œuvre des missionnaires de 1900 à 1986 dans la mission Saint François-Xavier de Boundji »* - Archives provinciales de Brazzaville cité par S.O. Cléret De Langavant op. cit, p. 111-112.

Missionnaires de Marie reçurent depuis Brazzaville, une trentaine de filles confiées par des parents originaires de la région de Boundji. Sur place, elles trouvèrent déjà 80 fillettes qu'elles allaient instruire et former à la vie chrétienne. Pendant plus d'un demi-siècle, elles accompliront un travail considérable et remarquable pour les populations.

Même si elle n'a pas dépassé le niveau du primaire, cette formation mêlait enseignement du catéchisme, prière et travaux ménagers. Les Annales de juin 1919 évoquent « *la récitation de la lettre du catéchisme par quelques-unes de nos fillettes de 12 à 14 ans qui la savent déjà bien. C'est amusant alors de voir sous un manguier la jeune maîtresse entourée souvent d'écolières plus âgées, faire dire et répéter sans se lasser la leçon du jour* »[27].

Sœur Odile Cléret de Langavant relève que :

« *Les journées se succèdent. Prière, leçon, travail, bonne volonté et, de la part de la maîtresse, inépuisable patience à remettre le travail vingt fois sur le métier, répéter inlassablement la même question... pour obtenir cent réponses imprévues* »[28]. L'instruction religieuse ne consistait pas uniquement à faire répéter les questions et les réponses. Il y avait aussi, le catéchisme du soir et des explications. Le rapport annuel de 1922 note :

« *À l'Alima, le catéchumène a presque doublé l'an dernier : il y a environ 150 païennes auxquelles trois fois par jour on fait les explications et répétitions* »[29].

Les Sœurs Franciscaines utilisaient les langues locales qu'elles apprirent dès leur arrivée. Ainsi, à Boundji c'est le Mbosi qui était utilisé. Mais il fallut traduire, composer et imprimer les livres indispensables. Le Père Prat travailla surtout à la traduction et à la composition ; mais ce sont les Sœurs qui tinrent l'impression qu'on avait dénommée la *Paroissiale*. Elles écrivent :

« *Nous venons de déterminer le tirage : 148 feuilles dont nous ferons le tirage à la main... Les Pères espèrent beaucoup avec le catéchisme en mbochi, car leurs catéchistes pourront expliquer les leçons aux païens. Après on traduira*

---

[27] S.O. Cléret de Langavant, op. cit, p. 101.

[28] S.O. Cléret de Langavant, op. cit, p. 102.

[29] S.O. Cléret de Langavant, op. cit, p. 101.

le catéchisme expliqué de Mgr Leroy et ils n'oublieront plus ce qu'ils auront appris »[30].

Elles ajoutent :

« Nous avons terminé le catéchisme en mbochi, on va faire maintenant l'histoire sainte de 200 pages environ et elle devra être terminée en décembre 1912 »[31].

La langue Mbosi à Boundji, Tegué à Lékety ne furent utilisées qu'aux premières années. Le lingala, langue parlée le long du fleuve Congo et ses affluents, fut imposé par la suite comme langue du catéchisme en 1938.

L'aspect sanitaire ne fut pas en reste, avec l'ouverture d'un dispensaire.

3.5. L'œuvre sanitaire : le dispensaire

Les Sœurs Franciscaines Missionnaires de Marie s'intéressèrent aussi à la santé de la communauté chrétienne et de la contrée. À leur arrivée, 10 ans après l'installation de la mission Saint François-Xavier, il n'y avait ni à la mission, ni dans le village, une structure vouée à la santé des populations. On se rappelle qu'au bout de trois ans seulement, la mission fut fermée suite au décès de tous ses fondateurs à cause de la bilieuse et la maladie du sommeil dues aux piqûres d'insectes. On se rappelle aussi que, pendant longtemps, les difficultés des premiers prêtres engendrèrent des querelles entre les religieux et les autochtones : les premiers prétendaient que l'action des bestioles qui menaçaient leur vie était activée par les fétiches des autochtones. Sitôt après leur installation, les Sœurs Franciscaines Missionnaires de Marie qui comptaient parmi elles des aides-infirmières, créèrent un petit dispensaire, en 1910.

L'établissement qui fut, à ses débuts, réservé à la santé de la communauté chrétienne, étendit très vite ses services aux villageois des environs. Ainsi, grâce à la création et l'animation de l'école et du dispensaire, les Sœurs Franciscaines Missionnaires de Marie contribuèrent à l'action d'évangélisation à Boundji. Ces deux actions devinrent des facteurs d'attrait pour l'activité de la mission. Le dispensaire était alimenté en médicaments par des dons des bienfaiteurs ou des

---

[30] S.O. Cléret de Langavant, op. cit, p. 102.
[31] S.O. Cléret de Langavant, op. cit, p. 102.

parents des Sœurs. En effet, au retour de vacances en France, chacune des Sœurs apportait des médicaments qu'elles administraient gratuitement aux indigènes, médicaments contre les pathologies alors courantes dans la zone : paludisme et bilieuse, lèpre, tuberculose, dysenterie, maladies digestives, pian, plaies et blessures, etc. Ainsi, très tôt, ce petit dispensaire que les missionnaires ont vite équipé d'un hangar pour le séjour des malades devint une véritable œuvre de charité pour sauver les indigènes qu'il fallait convertir. Mais devant la demande chaque jour croissante, les Mères qui se succédèrent à Boundji émirent le vœu de confier la charge du dispensaire à l'administration coloniale. Ainsi, sous l'autorité de Mgr Guichard qui remplaça Mgr Augouard, elles adressèrent plusieurs correspondances à l'autorité coloniale du Moyen-Congo. Le 18 avril 1924, un arrêté de l'Inspection générale des services sanitaires et médico-civils exauça ce vœu. Il autorisait d'ouvrir dans les missions de Boundji et de Lékety « un dispensaire pour les indigènes ». La Mère Ste Aylbée eut pendant 30 ans la charge de ces deux centres qui restèrent les seuls établissements sanitaires au service des populations, jusqu'à l'ouverture des dispensaires attachés aux deux districts administratifs après l'indépendance du Congo. À Boundji, le dispensaire de la mission continue jusqu'à ce jour à recevoir les chrétiens de la localité.

En complément de l'action sanitaire, l'action des Sœurs Franciscaines Missionnaires de Marie fut d'un grand apport dans la traduction et la compréhension des langues locales.

3.6. La contribution des Sœurs à l'action du Père Prat à Boundji sur les langues locales

Le Père Prat s'avéra très tôt comme un grand linguiste et surtout un amoureux des langues locales. Il fit un énorme travail sur celles-ci. À Lékety, il apprit le Tegue et, lors de son congé en 1904, il fit imprimer un essai de grammaire et un dictionnaire de cette langue. Il n'eut donc pas de difficultés à assimiler très vite la langue, Mbosi. Il entreprit également de produire des supports en cette langue. En effet, grâce à une machine manuelle à imprimer tenue par les Sœurs, il publia en langue Mbosi un petit catéchisme, le petit catéchisme de Mgr Le Roy, une histoire Sainte, un gros livre de piété enrichi de chants français, latins et mbochis. Il sortit également un dictionnaire français-mbochi, mbochi-français, un livre de grammaire, avec en préface un aperçu des mœurs des Mbochis. Pour réaliser ce travail aussi considérable qu'ingénieux, il se fit aider par les Sœurs dont il louait le dévouement et la patience qui lui furent indispensables. Comme à lui, la parfaite connaissance de la langue Mbosi dans ses susceptibilités et ses particularités permit aux Sœurs Franciscaines de communiquer avec les populations, donc d'avoir facilement leur adhésion à l'œuvre d'évangélisation.

CONCLUSION

Les Soeurs Franciscaines Missionnaires de Marie sont arrivées à Boundji, en 1910, sous la demande de Mgr Augouard, pour participer à l'œuvre d'évangélisation des populations du Nord-Congo. Leur action missionnaire portant essentiellement sur l'éducation des filles a été une véritable entreprise de charité. Elle a largement contribué à l'épanouissement socio-culturel des populations du bassin de l'Alima. Par leurs actions diverses à travers la prédication, les prestations sanitaires, l'éducation des filles, elles ont facilité le contact entre une partie de l'Afrique « non civilisée » et l'Occident « civilisé ». Malgré de nombreuses difficultés, elles ont marqué de manière positive les populations de Boundji et des contrées avoisinantes, en diffusant une image plus humaine de l'Occident, restaurant de ce fait la confiance entre les populations autochtones irritées par les exactions de l'administration coloniale et certains agissements moins cléments de l'Eglise. Malgré le fait que l'éducation des filles se soit réduit à ne faire d'elles que des ménagères et épouses, leur action dans ce domaine a inspiré plus tard, la création des écoles des filles, avec le soutien de l'administration coloniale.

BIBLIOGRAPHIE

1. Ouvrages

CLERET DE LANGAVANT S.O, BAZIN S., 2010, *Le charisme d'un missionnaire. Cent ans d'histoire des Franciscains Missionnaires de Marie au Congo-Brazzaville - 1910-2010*, Grottaferatta (Rome), Edition Tipografia De Magistris, 584p.

DE WITTE J, 1913, *Les deux Congo, 35 ans d'apostolat au Congo-Français de Mgr Augouard : les origines du Congo-belge,* Paris, Plon, 408p.

EKYEMBE M., *Les cent ans de la mission Saint François Xavier au Service du district de Boundji 1900-2000,* 58p.

ERNOULT J., 1995, *Les spiritains au Congo de 1865 à nos jours. Matériaux pour une histoire de l'église au Congo*, Congrégation du Saint Esprit, Paris, 461p.

GASSONGO B., 1978, *Prosper Augouard et l'implantation du christianisme au Congo-Français 1877-1921*, Les Lianes, Brazzaville, 38p.

GREINDL L., 1980, *L'Afrique noire au XIXè siècle. De l'abolition de l'esclavage à la période coloniale*, Centre de Recherches Pédagogiques, Kinshasa, 46p.

GUERNIER E., 1950, *Afrique équatoriale française*, Encyclopédie coloniale et maritime, Paris, 590p.

GUILLAUME P., 1974, *Le monde colonial XIXè-XXè siècle*, Armand Colin, Paris, 296p.

IBOMBO A-B., 2011, *L'implantation du christianisme au Congo-Brazzaville. De la fondation des premières missions à l'érection des diocèses, l'époque des vicariats apostoliques (1883-1955)*, Romae, Faculté d'Histoire et biens culturels de l'Eglise, Université Pontificale Grégorienne, Edition Non Solo Copie, 214p.

IBOMBO A-B., 2012, *L'œuvre missionnaire de Mgr Augouard au Congo-Brazzaville (1881-1921)*, L'Harmattan, Paris, 319p.

JEANJEAN P.A., *Les origines de Boundji et l'œuvre missionnaire de 1900 à 1912,* 101p.

KINATA C., 2008, *Prosélytisme chrétien au Congo Français. Missionnaires catholiques et protestants, une compétition âpre*, Paris, L'Harmattan, 77p.

KOREN H., 1982, *Les spiritains. Trois siècles d'histoire religieuse et missionnaire*, Beauchesne, Paris, 633p.

LAUNEY M., 2001, *Hélène de Chapotions (1839-1904) et les Franciscaines missionnaires de Marie*, Paris, Editions du Cerf, 262p.

LEGRAIN M., 1994, *Le père Adolphe Jeanjean*, Editions du Cerf, Paris, 234p.

MAZENOT G., 1970, *La Likouala-Mossaka. Histoire de la pénétration du Haut- Congo 1878-1920*, Mouton, Paris, 476p.

OLLANDET J., 2016, *Le premier foyer culturel du Nord-Congo. L'Histoire de Boundji*, Congo-Brazzaville, L'Harmattan, 216p.

2. Thèses et mémoires

ELENGA ANGALA G., 2011, *L'évangélisation de la contrée d'Ongogni de 1899 à nos jours*, Mémoire pour l'obtention du CAICEG, option Histoire-Géographie, Brazzaville, ENS-UMNG, 61p.

GAKOUOMO J-S., 2018, *L'œuvre des congrégations religieuses au Congo-Brazzaville de 1886 à 1965*, Mémoire de Master d'Enseignement, Option Histoire-Géographie, Brazzaville, ENS-UMNG, 74p.

ITOUA J., *L'institution traditionnelle Otwere chez les Mbosi Olee au Congo-Brazzaville*, Thèse de Doctorat Unique d'histoire, Université Charles De Gaulle Lille 3 (France), 544p

LONI E., 2014, *Contact de culture Mbosi-Tegue dans la contrée de Boundji, des origines à nos jours*, Mémoire de Master d'Enseignement, Option Histoire-Géographie, Brazzaville, ENS-UMNG, 69p.

SOUSSA L., 1981, *Evolution des structures sociales traditionnelles du Congo. De la pénétration coloniale française à nos jours (L'exemple Mbochi)*, Thèse de Doctorat de 3è cycle d'histoire (Ethnologie), Paris, Ecole des Hautes Etudes en Sciences Sociales, 418p

OBANLE NIABASSA F-I., 2017, *Les acteurs de l'évangélisation de Boundji*, Mémoire de Master d'Enseignement, Option Histoire-Géographie, Brazzaville, ENS-UMNG, 61p.

3. Articles

ITOUA J., 2008, « *L'apparition des religions monothéistes au Congo-Brazzaville* » in Angleriel (F. sous la direction de) : Chants pour l'au-delà des murs, Mélanges en l'honneur du professeur Jean Martin, Paris, L'Harmattan, p. 189-213.

ITOUA J., 2014, « *Œuvre d'évangélisation catholique dans le nord-Congo (1889-1913)* » in Mbaandza 4 Revue d'étude et d'analyse francophones, Libreville, p. 169-195.

ITOUA J., 2019, « *Œuvre des Sœurs Franciscaines Missionnaires de Marie à la mission catholique de Boundji au XXè siècle* » in Revue Gabonaise D'Histoire et Archéologie, N°4, Libreville, p. 71-91.

MAKOSSO MAKOSSO S., « *Pierre Savorgnan De Brazza et les missionnaires au Congo-Français (1875-1898)* » in Acte du Colloque International Pierre Savorgnan De Brazza, fondateur du Congo-Français : le centenaire de sa mort, (Franceville 28 septembre-2 octobre 2006), Les Cahiers d'histoire et archéologique, Université Omar Bongo, Libreville p141-150.

NZENZILI MBOMA L., BAZIN C., « *Les oblates franciscaines missionnaire de marie: de simples auxiliaires à de véritables partenaires de la mission en Asie et en Afrique* » in Editions Karthala, « Histoire et missions chrétiennes », 2011/3, N°19, p. 97-124.

4. Webographie

DE LANGAVANT Odile, *Les Franciscaines Missionnaires de Marie au Congo-Brazzaville : les débuts à Boundji (1910-1937)* in https://dsc.duq.edu/memoire-spiritaine consulté le 30 juin 2020.

Wikipédia, *Franciscaines de Marie* in file:///F:/Franciscaines de Marie-Wikipédia. html consulté le 30 juin 2020.

9 789997 515392 8